AF461357

BALETZ

REPRESENTEZ DEVANT LE ROY A LA VENVE de Madame à Tours 1593.

A TOVRS,

Chez IAMET METTAYER, Imprimeur ordinaire de ſa Majeſté.

AV BALET DE MADAME

Les porte-flambeaux

onsieur de Bally.

onsieur de Cangillon.

onsieur de Bouuille.

Ceux-cy estoient habillez d'incarnat.

Monsieur de Rohan.

Monsieur de Pardaillan.

Monsieur de Soubize.

Ceux-cy estoient habillez de blanc.

L'ordre des Nymphes.

adame de Panjas

adame

adamoiselle du Bouil

adamoiselle d'Aubeterre

adamoiselle de Moncaut

Menoit

Madamoiselle de Monguion.

Madamoiselle Carherine de Rohã.

Madamoiselle de la Patriere.

Madamoiselle de Soucelles.

Madamoiselle de Rohan.

es cinq Nymphes cy dessus estoient habillees de blanc ayant les corps incarnatz.

Ces cinq Nymphes estoient habillees d'incarnat ayant les corps blancs.

Madamoiselle Anne de Rohan representoit Amour.

LA NYMPHE PARLANT AV ROY.

GRAND Apollon où caches-tu tes rais?
Où sont tes feuz, & ton arc, & tes traicts?
Où as-tu mis ceste belle lumiere,
Dont tu soulois esclairer à ta seur,
Qui maintenant priuee de lueur
Ne nous rend plus sa clarté coustumiere?

Elle languist parmy nous sans clarté,
Aucun signal de sa Diuinité
Ne la remarque entre ses vierges belles.
Depuis le iour qu'absente de ton œil
Le sien voilé de tristesse & de dueil
Fut eclipsé d'ombres perpetuelles.

Du bout du monde elle est venue icy,
Pour te chercher, & ses Nymphes aussy.
Retourne donc tes yeux deuers sa face,
Et tout soudain les siens luisans & beaux
Feront d'vn coup que tous autres flambeaux
Perdront leur feu, leur lumiere, & leur grace.

Diane entre auec les Nymphes dançant vn Balet.

APRES LE BALET
Amour entrant dans la Salle parle à soy mesmes.

*IE ne sçaurois souffrir qu'on me donne la loy.
Ie ne suis pas enfant. non ce n'est pas à moy
Qu'il faut lier les mains, limitant ma puissance.
Ie leur monstreray bien que ie suis hors d'enfance.
Ils ont sans m'appeller tenu conseil aux Cieux,
Ou faisant assembler la grand troupe des Dieux
Qui au ciel, à la terre, & aux enfers commande
(Ma mere seulement n'a esté de leur bande)
Ils ont chassé encor la Ieunesse & le Ieu,
Craignans que par ces deux leur conseil ne fust sceu,
Qui sont mes chers amis. Mais ce petit follastre
Le Ieu feignant sortir, & s'en aller esbattre
Soubs la robe de Flore il s'est allé cacher,
Pour ouïr leurs discours, puis m'est venu cercher,
Pour me donner aduis de leur belle ordonnance.
C'est qu'ils ont resolu de me faire deffence
D'aller plus sans raison. moy ie n'en feray rien.
Suis ie pas Dieu comme eux? mon arc est-il pas mien?
Que peuuent-ils sur moy? qu'ils facent de leurs armes
Tout ce qu'il leur plaira, ie n'enuy point leurs flammes,
Leur foudre, leur trident, leurs serpens enlassez.
Qu'ils en ayent vn cent, s'ils n'en ont pas assez.
Ie ne m'en mesle point, ie n'en ay point affaire,
Ie n'ay point resolu aussi de leur complaire.*

Mais n'ont ils pas donné vn arrest à propos?
Ie suis ieune & gaillard, i'ay des ailes au dos.
Ceste lourde raison desia toute chenuë
Ne sçauroit faire vn pas qu'auant qu'elle remuë
De la place ou elle est n'aye en ses doigts conté
Si elle ira de l'vn ou de l'autre costé,
Qui a du plomb aux piedz, & dedans la ceruelle.
Comment penseroient-ils que i'allasse auec elle?
Vrayement si elle peut & veut suiure mes pas,
S'il luy plaist de venir ie ne l'empesche pas.
Car ie m'asseure bien qu'auant qu'vn iour se passe
Si elle l'entreprend elle sera fort lasse.
Mais cependant qu'au ciel ils discourent en vain
Ie suis venu icy faire vn coup de ma main.
Ie voy ce m'est aduis vne troupe de filles.
Ha ie les cognoy bien, sont les Nymphes gentilles
De la sœur de Phœbus, voilà bien mon gibier.
Sont ces Nymphes icy qui m'osent deffier,
Qui se mocquent de moy, qui disent que mes flammes
Flambent dedans leurs yeux, mais non dedans leurs ames,
Qu'amour ny peut loger, & que la chasteté
Y a premier que moy son logis arresté.
Ie leur monstreray bien que leur grand chasseresse
Ne les peut garantir de ma main vangeresse.
C'est elle qui la haut m'a ioüé ce bon tour,
Car elle seulement ose brauer l'Amour.
Sa troupe en patira, & puis qu'elle m'offence
Par l'Amour de l'Amour ie feray la vengeance.

Raiſon parle à l'Amour.

Où vas-tu petit fol? qui t'ameine en ces lieux?
Pourquoy vas-tu ſans moy? ſçais-tu pas que les Dieux
T'ont commandé la haut d'eſtre en ma compagnie?
Touſiours quand tu es ſeul tu fais quelque folie.

Amour faiſant vn pas.

Hé qu'en as-tu affaire? atten, tu le verras,
Mais qu'eſt-ce que ie ſens qui me retient le bras?
Quoy ie ne puis tirer, il faut que ie m'aduance.
Quelque autre deité empeſche ma puiſſance.
Ce n'eſt pas toy Raiſon, tu n'as pas le pouuoir
Auec tous tes efforts d'empeſcher mon vouloir.
Tu ſçais que mille fois que ie t'ay combattuë
Tu as crié mercy à mes piedz abbatuë.
Mais ie m'approcheray de ſi pres à ce coup
Quelles ne pourront pas ſe garantir du coup.

Raiſon.

Où va cet enragé? il faut que ie le ſuiue.

Amour.

Quelle Nymphe eſt-ce là que ie voy qui arriue?

La Nymphe parlant à Diane.

Deeſſe qui la nuict nous fais veoir vn beau iour,
Repren ton teinct d'argent, fay luire ceſte Cour.
Voila ton cher Phœbus, qui de ſes rais t'eſclaire.
I'apperçoy redoubler l'eſclat de ta beauté,
Et chacun recongnoiſt que ta belle clarté
Deſpend entierement des beaux yeux de ton frere.

Diane leue ſon Croiſſant.

Amour la recognoiſt.

Amour.

He quoy voila Diane. O Deeſſe, comment
Es tu du Ciel venuë ainſi ſoudainement?
Ie ne te voyoy pas. mais i'ay ſenty ta force,
Ie cognoy bien qu'en vain contre toy ie m'efforce,
Ton arc, ton feu, tes traicts ſont plus fors que les miens,
Tien, prens encor ceux-cy, ils ſont encores tiens,
Les armes ie te quitte, & vaincu ie te prie
Qu'en ta belle priſon ie ſois toute ma vie.

Diane prent les armes d'Amour & les baille à la Raiſon.

Raiſon parlant à Diane.

Ne veux-tu pas donner à ton frere Apollon
Ceſte deſpoüille icy, & meſme ce felon?
Allons donc luy mener, il hauſſera ta gloire
T'apprenant comme il faut vſer de la victoire.

Ils vont tous enſemble deuant le Roy, la Raiſon luy preſente l'Amour, & ſes armes, & chante ces vers auec Diane & les Nymphes

Pren des mains de la chaſteté
C'eſt Amour qui t'eſt preſenté,
A qui la raiſon ſert de guide.
Mais ne le laiſſe pas aller,
Tu le verras bien toſt voler
Si Raiſon ne luy tient la bride.

Prince

Prince le fauorit des Cieux,
Qui as planté en mille lieux
Les trophees de ta victoire,
De cet arc, & de ces traicts d'or
Honore ton triumphe encor.
Ce sera ta plus belle gloire.

AV BALET DE MADAME de Rohan.

Les personnages

Medee.
Quatre Nymphes.
Deux Cheualiers François.
Deux Cheualiers Espagnols.
L'Oracle.
La Sibylle.

Les quatre Nymphes.

Madamoiselle de Rohan.
Madamoiselle Catherine de Rohan.
Soucelles,
Beauuois.

Les deux Cheualiers François.

Messieurs de Rohan & de Soubize.

Les deux Cheualiers Espagnols.

Messieurs de Genissac & de Boitenan.

La Sibylle.

Madamoiselle Anne de Rohan.

A LA PORTE DE LA SALLE CES vers furent recitez à Madame.

PRINCESSE qui as eu ton heureuse naissance
De ce beau Lis Royal qui commande à la France,
Dont le tige passant d'vn long tige en la main
Des ayeulz est escheu à ton braue Germain,
Ie t'apporte à regret vne triste nouuelle.
C'est qu'vne fiere, helas! ou Deesse mortelle,
Ie ne sçay pas lequel, dans ce prochain pourpris
Par son charme à logé autant de noirs esprits
Qu'onques en assembla Thessalique sorciere,
Où des arts prohibez Tolede nourriciere.
Son enseigne reluit de la riche Toison,
Que conquist en Colchos l'Argonaute Iason,
Qu'elle entreprend hausser, & faire recognoistre
A nous, à noz enfans, à ceux qui sont à naistre,
Voire d'assuiectir soubz sa meschanceté
Le bien tant precieux de nostre liberté.
Sa puissance outre bord desia se voit anchree,
Desia gist languissant des Lis la fleur sacree,
Et l'Escusson transmis du haut du ciel ça bas
Endure indignement le marcher de ses pas,
Et ne nous reste plus en si grande souffrance

Que de ton bon secours la derniere esperance.
Vien donc Nymphe Royalle, & oppose au sçauoir
Des Demons ennemis le celeste pouuoir,
Aux tenebres le iour qui ton chef enuironne,
A ses efforts lascifs la pudique couronne
Conuenable ornement de ta virginité,
Au vice la vertu, & sa diuinité,
Car à toy, non à autre appartient ceste cure,
Et à toy, non à autre, eschet ceste aduenture,
Dont ie te suis venu semondre tout expres,
Et que tu trouueras sans grand' peine icy pres.

Apres cela on ouurit le Pauillon qui couuroit la Medee, laquelle estoit assize en vne chaire, ayant à costé d'elle vn pillier, au haut duquel estoient les armes d'Espagne, & au bas celles de France & de Nauarre renuersees, & aux deux costez estoient les deux Cheualiers Espagnols.

Lors que le Roy & Madame furent entrez, & que chacun eut pris place, on fit iouër quelques artifices de feu autour de la Medee, puis la Medee chanta ces Stances.

Medee.

QVI *de Medee a ignoré le nom?*
Qui n'a tremblé au bruit de son renom?
Qui ne me craint au Ciel, & en la terre?
I'ay de Phœbus le visage obscurcy
Quand il m'a pleu, & de sa sœur aussi,
Et à Iuppin arraché son tonnerre.

Ie sçay comment par vn vers rechanté,
Où le venin d'vn herbage enchanté
Lon peut oster ou redonner la vie,
Tesmoin en est du renaissant Æson
Le poil doré, qui iadis fut grison,
Trompant le temps, & la mort, & l'enuie.

Par mon secours le pariure Iason
Fut possesseur de la riche Toison,
Dont ie me suis derechef emparee.
Puis d'vne gent ie l'ay mise au pouuoir,
Qui a dressé eschole à mon sçauoir,
Et dont ie ie suis à peu pres adoree.

Les miens vassaux sur vn fragile bois
I'ay faict voler iusqu'au riuage Indois,
Soubs autre ciel, & nouuelles estoilles.
Ie les ay faict par art autre qu'humain
Fiers des tresors cachez de longue main
A leur retour voguer à pleines voilles.

Ie veux encor soubz mes piedz honnorez
Ioncher la fleurs des Lis d'or azurez
Tant respectez en ceste terre basse.
Car ma Toison ie pretends desormais
Rendre plus belle & noble que iamais,
Malgré les Dieux & des hommes l'audace.

I'endormiray tellement les esprits
De la splendeur de mes lingots épris,
Et apastez de si puissante amorce,
Que le François sans le glaiue dompté
Pour un vil pris vendra sa liberté,
Monstrant de l'or, & de mon art la force.

Apres cela les Nymphes sortirēt dançans en forme de Balet au son des Violons iusques deuant la Medee, & lors s'arresterent, & dirent.

Madamoiselle de Rohan.

O DIEV qui vois cela, Quelle cruelle guerre
Peut rauir aux François le cœur & la raison?
Ma sœur voyez vous pas les Lis couchez par terre
De leur cheute honorans l'Espagnolle Toison?

Madamoiselle Catherine.

Helas ma sœur ie veoy ce Castillan barbare
Regorgeant de tresors acquis iniustement,
Qui foule encor aux piedz l'Escusson de Nauarre,
Et faut qu'à son trophee il serue d'ornement.

Soucelles.

Mais d'ou nous peut venir ceste triste aduanture,
Qui a peu des François les courages changer,
Pour violer ainsi les loix de la nature,
Et les faire courber soubz vn ioug estranger?

Beauuois.

On dit que c'est par l'art d'vne Magicienne,
Qui, soufflant son venin dans le cœur des François,
Fait que la Toison d'or, & les croix de Lorraine
Triomphent de l'honneur des legitimes Roys.

Madamoiselle de Rohan.

Ie l'ay ainsi appris, & que c'est celle mesme
Qui gardoit autresfois la Colchique Toison,
Et depuis de despit, & de furie extreme
Faict guerre à tous les preux qui ressemblent Iason.

Madamoiselle Catherine.

Ma sœur n'est-ce point là ceste insigne sorciere?
Voyez ses yeux trenchans messagers du trespas,
Voyez ses gestes fiers, & sa façon altiere,
C'est elle sans sans faillir, ie ne me trompe pas.

Soucelles.

Helas, où sont les preux de la saison passee?
Où sont tant de Heros occis iniustement?
Ils n'eussent pas souffert la France ainsi pressee
Si long temps soubs le ioug de cest enchantement.

Beauuois.

Que fussent-ils viuans pour abattre l'audace
De ces rouges Tyrans infracteurs de noz loix.
Mais n'est-il point resté quelques vns de leur race,
Pour releuer encor la gloire des François?

La dessus les Violons sonnerent vn autre espece de Balet, & les Cheualiers François firent quelques pas à ceste cadence, puis s'arresterent, & dirent

Rohan.

Ie me troune saisi d'vne nouuelle ardeur,
Qui eschauffe mon sang & anime mon cœur:
Ie sens vne fureur qui boult dans mes entrailles.
Ie ne respire rien que combats & batailles.
Il me semble que Mars nous reserue cest heur
De pouuoir auiourdhuy monstrer nostre valeur,
Et qu'auant que du Ciel la face soit obscure
Nous deuons mettre à fin quelque belle aduenture.
Qu'en dites vous mon frere?

Soubize.

Et que dirois-ie là?
Ie ne suis pas deuin pour presager cela.
Mais cherchõs seulement des suiects pour cõbattre.
De moy, ie suis tousiours en humeur de me battre.

Rohan.

Allons, enquerons nous si nous pourrons trouuer
Quelque digne aduenture, afin de l'esprouuer.
Vne trouppe ie veoy de gentilles pucelles,
Peut estre y pourroit-on en sçauoir des nouuelles.

Soubize.

Allons-y, car au moins, si nous ne pouuons mieux,
De leurs rares beautez nous repaistrons noz yeux,
Ainsi nostre chemin ne sera qu'agreable,
Trouuans, sinon l'vtil, au moins le delectable.

Icy les Violons reprirent leur dernier Balet, au son duquel les Cheualiers & les Nymphes s'approcherent les vns des autres. Lors les Nymphes parlerent en ceste façon.

Cheualiers, qui vous meut parmy tant de miseres
De venir visiter ces antres solitaires?
Qui vous faict rechercher cest ennuieux seiour,
Quittans le ieu, le bal, les festins, & l'Amour,
Pour paistre voz esprits des tristes fantasies,
Dont ordinairement noz ames sont saisies?

Rohan.

Mesdames, le deuoir de tout cœur genereux
Nous induit à chercher d'vn desir valeureux
Quelque digne subiect, pour employer noz armes:
Que si quelque ennemy vous trauaille d'alarmes;
Si quelque fier Geant trouble vostre repos,
Ou si quelque Satyre a blessé vostre los;
Faictes le nous sçauoir. Nous auons le courage,
Le bras, & le vouloir de venger vostre outrage.

Madamoiselle de Rohan.

Ha, courtois Cheualiers, ainsi tousiours les Cieux
A voz braues desseins se monstrent gracieux,
N'ayez pour ce iourdhuy de nous ny soing ny cure.
Mais puis que vous cherchez quelque digne aduenture,
Voyez ceste sorciere enyuree du sang
De tant de noz François, dont elle ouure le flanc.
Voyez ces Cheualiers, dont la fiere arrogance

Triumphe

Triumphe de l'honneur de Nauarre & de France
Tournez là vostre estoc, faisant qu'à leur malheur
Ils sentent ce que peut la Françoise valeur.

Rohan.

Mesdames, puißions nous außi tost vous complaire
Comme nostre desir seroit bien de le faire,
Mais nous auons appris que les sacrez destins
Ont donné quelque temps à ces peuples mutins
Pour exercer leur rage, & que ce prefix terme
Sans pouuoir s'accourcir demeure stable & ferme,
Dont nous sommes contraints d'en attendre la fin.
Car ce n'est aux humains de forcer le destin.

Madamoiselle Catherine.

Mais qui pourroit sçauoir de ce dur temps l'espace,
Peut estre on trouueroit que le terme se passe.

Soubize.

Frappons seulement ferme, & d'vn bras non laßé,
Et puis on trouuera que le temps est paßé.

Soucelles.

Assez pres de noz champs vn Oracle se treuue,
Dont les bergers d'autour ont souuent fait espreuue.
Vous y pourriez apprendre en l'allant consulter
Ce temps que les Destins ont voulu limiter.

Beauuois.

D'icy ie voy le temple, & la voute doree,
Où choisist son sejour la Sibylle sacree,
Qui sçait interpreter aux fauoris des Dieux
De l'Oracle ambigu le stile captieux.

Madamoiselle de Rohan.

Allons le consulter si vous me voulez croire.

Madamoiselle Catherine.

Peut estre il donnera promesse de victoire.

Rohan.

De ce ioyeux espoir desia le cœur me bat.

Soubize.

Tout m'est bon s'il nous peut enuoyer au combat.

Ce faict les Violons sonnerent vn autre Balet, & les deux Cheualiers, & les quatre Nymphes dancerent, & sur la fin s'aduancerent iusques aupres d'vne vouste, où estoit l'Oracle, qu'ils inuoquerent en ceste façon.

Madamoiselle de Rohan.

Souuerain Iupiter, dont l'arrest eternel
Conduit l'ordre certain des loix de la nature,
Qui seul peux maistriser le sort de l'aduenture,
Et qui les les Destins d'vn cours perpetuel.

Fay nous sçauoir la fin de ce charme cruel,
Qui enchante la France, & de quelle mesure
Est ordonné le temps de sa misere dure,
Auant que d'esprouuer ton secours paternel.

Voicy deux Cheualiers, qui d'vn braue courage
Sont prests de s'opposer à l'Espagnolle rage,
Pour rabaisser l'orgueil de la fiere Toison.

Plaise toy nous monstrer si tu l'as agreable,
Ou si tu ne veux estre à leurs veus fauorable,
Car ton iuste vouloir nous sera pour raison.

Apres cela les Violons sonnerent vne espece d'air, durant lequel se fit quelque esclair; Puis vne voix de dedans le cabinet chanta ces vers;

L'Oracle.

Quand le frere, & la sœur, qu'vn bon heur vous ameine,
Tirez du sang diuin d'Hercule & de Pyrene
Porterōt l'vn au front, l'autre au sein les beaux Lis,
Vous verrez de Medee vne autre tragedie,
Et ses enchantemens de honte enseuelis
Cheoir de la Toison d'or la gloire trop hardie.

Ce fait la Sibylle sort du Cabinet, & dit,

Sibylle.

Ie suis de Iupiter la Sibylle sacree,
Que mille ans ont tenu dans mon antre enserree,
Dont ie sors maintenant à pas foibles & lents,
Pour vous interpreter de l'Oracle le sens:
Aussi mon petit corps r'acourcy de vieillesse
Par mon begue discours tesmoigne ma foiblesse.
C'est ce qui me contraint parler en peu de mots,
Car mon aage ne peut souffrir vn long propos.
Sçachez donc Cheualiers, que la sœur, & le frere,
Soubz qui vous est promis vn succez tant prospere

Sont ces deux Astres clairs tant honorez de vous,
Soubs qui tous vrays François flechissent les genoux.
Le frere est ce Henry, dont la rare vaillance
Faict trembler l'vniuers au seul bruit de sa lance,
A qui les destins ont par ses actes guerriers
Orné la main de Lis, & le front de Lauriers.
Sa sœur, dont la vertu toutes autres surpasse
A surmonté l'hyuer, les neiges, & la glace,
Pour voir ce frere cher, son desiré souhait,
Signe seur que l'Oracle aura bien tost effect.
Ia desia le Destin pour espoux luy ordonne
Vn Prince, dont le nom toute l'Espagne estonne,
Et dont la braue race au bon heur des François
Fera le Castillan obeïr à ses loix.
Assez proches de vous sont la sœur, & le frere
Pour vaincre par leur heur l'influence contraire
Des destins ennemis. Allez donc seulement,
Car leur nom prononcé rompt tout enchantement,
Et du fier Castillan la fatale ruine
Doit honorer le los d'Henry & Catherine.
Voila ce que ie puis, veu ma tremblante voix,
Et mes foibles poulmons prononcer ceste fois.
Mais lisez ce papier excusant mon vieil aage,
Vous y pourrez encor apprendre dauantage.

Apres que la Sibylle eut parlé, les Cheualiers & Nymphes dirent.

Rohan.

Graces au Souuerain pour ce bon heur promis.

Soubize.

Allons, que tardons nous? le Destin l'a permis.

Madamoiselle de Rohan.

Puißiez vous rapporter de ce combat la gloire.

Madamoiselle Catherine.

Nous allons preparer les chapeaux de victoire.

Là ils se departirent. Lors les Cheualiers auant desmarcher dirent.

Rohan.

De l'inuincible Henry le nom & la valeur
I'appelle en ce combat, pour me porter bon heur.

Soubize.

Et moy i'inuoqueray la faueur & la grace
*Du nom, dont le * chiffre est graué sur ma cuirasse.*

*C'estoit le chiffre de Madame, dont sa cuirasse estoit semee.

Apres cela les Trompettes sonnerent, & les Cheualiers marcherent à ceste cadence iusques deuant la Medee, & les Nymphes s'y rendirent par vn autre costé. Puis les Cheualiers deffierēt ceux de la Medee en ceste sorte.

Rohan.

Cheualiers qui gardez l'Espagnole Toison,
Ie viēs pour soustenir que les armes de France
Sont par vous mises bas contre droict & raison,
Auec l'espee au poing i'en prendray la deffence.

Soubize.

Cheualiers, ie soustiens que veritablement

La maison de Castille imite la vipere,
De celle de Nauarre elle eut commencement,
C'est contre tout deuoir qu'elle meurtrist sa mere.

Les Cheualiers de la Medee respondirent,

Genissac.

Miserables François, foibles audacieux,
Osez vous bien mouuoir à l'Espagnol la guerre,
L'Espagnol chef du monde, & fauorit des Dieux?
A Iupiter le ciel, à Philippes la terre.

Boitenan.

Hà pauure outrecuidé, quel superbe dessein
Pour glorieusement te rendre miserable!
Helas n'attens les coups de ma pesante main,
Vn tel trespas pour toy seroit trop honorable.

Rohan.

Cheualiers, ce n'est pas de bouche ny de voix
Que ie veux contre vous ce combat entreprendre.
*Mais releuez les Lis, & * chaisnons Nauarrois,*
Où bien tout maintenant pensez à vous deffendre.

* Les armes de Nauarre sont des chaisnes.

Genissac.

Ha? pressant importun, nostre bras glorieux
Pour vaincre ceux François ne peut honneur acquerre.
Las n'entreprenez plus sur la race des Dieux.
L'Espagnol est du ciel, le François de la terre.

Soubize.

Vous en auez menty, Castillan bazanné,
Ie rendray ceste place en vostre sang trempee.

Le François a ſouuent l'Eſpagnol dominé,
Ie le vous ſouſtiendray auecques mon eſpee.

Boitenan.

O Ciel, pourrois-ie bien retenir mon courroux,
Voyant ainſi brauer ces enfans de la poudre?
Mais, allez, le deſdain que nous auons de vous
Garentira voz chefs du traict de noſtre foudre.

Rohan.

C'eſt trop perdu de temps en ces langages vains,
Point ne nous font trembler ces brauades friuolles.

Soubize.

Mettez l'eſpee au poing, & venons toſt aux mains.
Le François veut l'effect, & non pas les parolles.

Lors ils mirent tous quattre la main à l'eſpee en diſant,

Geniſſac.

Viue le grand Philippe au malheur des François.

Boitenan.

Viue la belle Infante en vertu tant inſigne.

Rohan.

Viue le grand Henry rare honneur de noz Roys.

Soubize.

Viue ſa chere ſœur l'Illuſtre Catherine.

Là deſſus les Trompettes ſonnerent la charge, & les Cheualiers combatirent. En fin les Eſpagnols ſe mõſtrerent vaincus, & les Frãçois redreſſerẽt les armes de France & de Nauarre. Lors les Trõpettes chãgerent de ſon, & ſonnerẽt quelques fanfares, & ſur cela les Nymphes crierẽt a pleine voix.

Madamoiselle de Rohan.

Meure cest Espagnol barbare

Madamoiselle Catherine.

Viue la France & la Nauarre.

Soucelles.

Meure ce Castillan poltron.

Beauuois.

Viue Allebret, Viue Bourbon.

Lors les Cheualiers François lierent les Espagnols auec leurs escharpes, & leur osterent leurs espees & habillemens de teste, & les Nymphes lierẽt la Medee aussi auec vne escharpe, & tous s'en allerent deuant le Roy & Madame, menans chacun leurs prisonniers à la cadence d'vne Passemeze, & les leur presenterent de ceste façon.

Rohan.

Grand Roy, dont le bon heur rend la victoire nostre,
Le prisonnier est vostre, à vous seul ie le doy,
Ie le vous offre donc, car puis que ie suis vostre,
C'est à vous qu'appartient tout ce qui est à moy.

Soubize.

Madame, vostre nom à peu vainqueur me rendre.
C'est à vous par raison qu'est deu mon prisonnier,
Ce n'est pas le premier que vous auez peu prendre,
Ie croy qu'il ne sera encores le dernier.

Lors les Nymphes presenterent Medee à Madame, & dirent.

Madamoiselle de Rohan.

Madame, nous offrons au pied de vostre Altesse
Medee, que le sort contraint de confesser
Que son sçauoir exquis cede à vostre Sagesse,
Et que vostre vertu peut son art surpasser.

Madamoiselle Catherine.

Madame, puißions nous veoir par vn heur semblable
Du reste de l'Oracle vn bien-heureux effect;
Si que dans peu de iours vn Hymen agreable
Vous face receuoir contentement parfaict.

Soucelles.

Madame, puißiez vous auecques mesme gloire
Voir au vouloir du Roy tous les François soubzmis,
Et vostre heureux destin par semblable victoire
Vous face triompher de tous voz ennemis.

Beauuois.

Madame, puißiez vous d'vne heureuse lignee
Appuyer les Estatz François & Nauarrois,
Si que du grand Henry la valeur fortunee
Puisse par eux dompter tous infidelles Roys.

Lors la Medee chanta les Stances qui s'ensuiuent.

Las! qu'est-ce cy? quelle Diuinité
Rend conuaincu mon art de vanité?
Me faut-il donc souffrir vne maistresse?
Ah! c'est de toy que les Demons grondans
Le los forcé disoient entre les dents,
Tresuertueuse & tresnoble Princesse.

Que tu ſerois l'exemple de Bonté
Douceur, Clemence, & toute honneſteté,
Et digne ſœur de ce grand Roy ton frere,
Qu'au temps troublé voz celeſtes flambeaux
Comme Soleils, ou comme les Iumeaux
Illuſtreront le François hemiſphere.

Que de ton lict par vn Hymen heureux
Naiſtroient au Roy des nepueux valureux,
Quand tu voudras en honorer vn Prince,
Qui reſſemblans à la mere en beauté,
Et leurs majeurs en pure loyauté,
Ioindroient au Lis mainte eſtrange prouince.

Puis la Sibylle reſſortit encores, qui dict.

Nymphes, & Cheualiers, qui deuez reſpecter
Mon aage, & le vouloir du grand Dieu Iupiter,
Ie vous fais de ſa part vne ordonnance expreſſe,
Que vous monſtriez icy quelques traicts d'alegreſſe,
Celebrans la victoire, & le bon heur promis
Au frere, & à la ſœur, par les Deſtins amis.
Ainſi viue Henry de toute gloire digne,
Et ſon Illuſtre ſœur l'vnique Catherine.

La deſſus les quatre Cheualiers & les quatre Nymphes ſe reculerent à la cadence d'vne Paſſemeze, & les Nymphes deſarmerent les Cheualiers, puis dancerent tous huict vn Balet enſemble.

AVTRE BALET REPRESENTE' deuant Madame à Pau le 23. iour d'Aoust 1592.

Les personnages.

Quatre Cheualiers, deux François, & deux Bearnois.
Quatre Nymphes de Diane.
Mercure.
Amour.

Les deux Cheualiers François.

Messieurs de Rohan & de Soubize.

Les deux Bearnois.

Messieurs de Genissac & de Boitenan.

Les quatre Nymphes.

Madamoiselle de Rohan.
Madamoiselle Catherine de Rohan.
Les Bessons, & Soucelles.

Les Cheualiers entrans les premiers, & ayans faict vn tour de salle en forme de Ballet, s'arresterent deuant Madame, & les Bearnois commencerent ainsi.

Genissac.

PRINCESSE *illustre de Bear*
Auec l'espee & le poignard
Tousiours prests pour vostre deffence,
Nous nous vantons de soustenir
Ce que nous voulons maintenir
A ceste heure en vostre presence.
C'est que Nature n'a rien faict
En ce monde de si parfaict
Qui vous esgale, ou vous resemble,
Et que nul ne merite l'heur
D'estre des beaux dons possesseur
Qu'en vous le Ciel a mis ensemble.
Que donc nul Prince tant heureux,
Tant grand, tant braue, ou vertueux
N'est de vostre bel amour digne,
Et qu'à nul n'est deu tant d'honneur
D'estre aduoué pour seruiteur
De vostre beauté si Diuine:

Que vous ne deuez rien aimer,
Puis que nul ne peut s'estimer
Digne de si celeste flame.
Mais plustost vostre braue cœur
Se doit roidir à la rigueur,
Sans que iamais l'Amour l'entame.
Que comme seul est le Phenix,
Bien que lon cognoisse infinis
Les oyseaux des autres especes,
Aussi doit seule demeurer
Celle qu'il nous faut honorer
Comme le Phœnix des Princesses.
Que si quelqu'vn veut contester
Qu'vn Prince puisse meriter
Vne Princesse si diuine,
Nous le ferons bien resentir
Et soudainement repentir
De sa temerité insine.

Les François respondans.

Rohan.

Madame, en toute humilité,
Ayans le respect apporté
Que nous deuons à vostre Altesse,
Nous soustiendrons d'vn cœur hautain
L'espee & la dague à la main
Ceux à qui ce deffy s'addresse.

Nous confessons bien auec tous
Qu'il n'est rien si parfaict que vous,
Qu'en tout vous estes accomplie,
Que nul ne vous peut meriter,
Et s'il le falloit disputer
Nous y despendrons nostre vie.

Mais nous ne pouuons confesser
Que pourtant vous deuiez passer
Vostre aage en solitude telle,
Ny que vostre Altesse eust honneur
D'vser d'vne telle rigueur
Vers tout ce qui est moindre qu'elle.

Du monde le diuin flambeau
Daigne bien de son lustre beau
Esclairer ceste terre basse.
Et mesmes la Diuinité
Daigne abaisser sa Majesté
Fauorisant l'humaine race.

Donc Madame ces deux Soleils
De voz yeux, qui sont sans pareils
Ne doiuent desdaigner de luire
Sur quelque Prince valeureux,
Pour faire qu'au port bien heureux
Par eux il se puisse conduire.

Que si quelqu'vn veut s'apprester
Pour le contraire disputer,
Nous sommes prests pour le deffendre,
Pourueu que vostre auctorité

Nous donne ceste liberté
De combattre en vostre presence.

Genissac.

Et quoy? seroit-ce donc raison
Qu'aucun, tant fust plein de prouësse,
Vinst iusques dans nostre maison,
Pour nous rauir nostre Princesse?

Rohan.

Et quoy? faudroit-il que tousiours
Vesquist en tristesse profonde,
Sans heur, sans plaisir, sans amours
La sœur du plus grand Roy du monde?

Genissac.

Sans heur elle n'est nullement,
Ses vertus la rendent heureuse,
Et son iuste gouuernement,
Dont sa Prouince est glorieuse.

Rohan.

Mais sur tout les peuples François
La coniurent par sa naissance,
Et par ses ancestres leurs Roys,
D'augmenter la race de France.

Boitenan.

De France? ha il n'en sera rien,
Nostre Princesse est Bearnoise.

Soubize.

Allez, on vous monstrera bien
Dans peu de iours qu'elle est Françoise.

Genissac.

Si n'en quittons nous nostre part,
Elle est nostre dés son enfance.

Rohan.

A Madame est deu le Bear,
Mais elle se doit à la France.

Genissac.

A peine nous endurerons
L'eclipse de ceste lumiere.

Rohan.

Malaisement nous souffrirons
Qu'elle vous demeure plus guere.

Boitenan.

Si est-ce qu'elle à bonne part
A la Vache dés sa naissance.*

* Les armes de Bearn sont des Vaches.

Soubize.

Messieurs, les Vaches de Bear
Cedent aux fleurs de Lis de France.

Genissac.

Quoy ceder? le bras me promet
De vous faire ce mot desdire.

Rohan.

Si son Altesse le permet
Nous vous sçaurons bien contredire.

Boitenan.

Nous vous en ferons repentir,
Si vous le voulez entreprendre.

Soubize.

Soubize.

Et nous vous en ferons mentir
Tout maintenant ſans plus attendre.

Geniſſac.

C'eſt trop tardé, c'eſt trop ſongé,
Aux armes, il faut s'entrebatre.

Rohan.

Madame auec voſtre congé
Nous allons noz vies debattre.

Boitenan.

Nous ſçauons de bien tirer l'art.

Soubize.

Et nous bien manier la lance.

Geniſſac.

Viue la Vache & le Bear.

Rohan.

Viue le Lis, viue la France.

S'enſuyt le debat, à la fin duquel les Bearnois laiſſans tomber leurs eſpees, l'eſclair & le tonnerre ſe font, & Mercure ſort, & en meſme temps le Luth & autres Inſtrumẽs ioüerent vne Paſſemeze, durant laquelle Mercure ſe promene, puis apres la Paſſemeze acheuee, dit.

Par le commandement du grand maiſtre des Dieux.
Ie viens de trauerſer les eſtages des Cieux,
Et me ſuis tranſporté vers la gent Bearnoiſe
Pour appaiſer icy le debat & la noiſe

Qui boult dedans le cœur de quatre Cheualiers,
Qui le monde ont remply de leurs exploicts guerriers,
Et maintenant poussez d'vne loüable enuie
Taschent de maintenir aux despens de leur vie,
Les vns qu'il ne faut pas que cest Astre luisant,
Qui reluist dans le Bear, l'abandonne à present,
Et face ses rayons esclairer dans la France,
Le priuant du bon heur de sa douce presence.
Les autres plus vaillans, & plus remplis de cœur,
Voulans l'espee au poing monstrer que telle fleur
Ne doit pour tout iamais demeurer inutile
Dans les guerets pierreux d'vne terre infertile,
Mais ainsi qu'vne plante on desplante souuent,
Pour la planter apres en terroir plus plaisant,
Là où auec le temps estant bien cultiuee
Rend riche vn laboureur d'vne belle leuee:
Ou ainsi qu'à la vigne on conioinct vn Ormeau.
De mesme ces Heros disent que le flambeau
D'vn Hymen bien heureux doit conioindre Madame
A quelque demy Dieu, qui brusle de la flame
Qu'eslancent ses beaux yeux, combien qu'il ne soit rien
Qui se puisse estimer digne d'vn si grand bien.
Voila le fondement de toute leur querelle,
Laquelle chacun d'eux à grands coups d'allumelle
Taschent de maintenir, & s'entr'ouurans le flanc
Empourprent leurs estocs des sources de leur sang.
Or mon pere craignant que la lame meurtriere
Ne priue quelqu'vn d'eux de la douce lumiere,

Ioinct qu'il n'appartient pas à vn homme mortel
D'enchaisner dans les ceps d'vn hazardeux duel
Son arrest eternel, m'a faict icy descendre
Pour vous faire par moy tout son vouloir entendre.
Doncques pour vn petit mettez les armes bas,
O valeureux Heros, finissez voz debatz.
Car ce n'est pas à vous que la charge est commise
De pouuoir mettre à fin vne telle entreprise.
Mettez les armes bas, vous vous peinez en vain,
Vous ne pouuez venir à bout d'vn tel dessein.
Car la sœur du Soleil, Deesse montagneuse,
D'vn si braue dessein est sur vous enuieuse,
Vous auez eu prou d'heur, vous auez excité
Par vn hautain oser vne Diuinité.
Maintenant de Iupin escoutez l'ordonnance
Et prestez attentifs l'oreille à sa sentence.
Il vous mande par moy que le chaste escadron
Des filles de la sœur du diuin Apollon
Combatront ce iourdhuy l'enfant de Cytheree
Pour luy rauir son arc, & sa fleche aceree,
Son bandeau, & ses feus, & son doré carquois,
Et le faire captif obeïr à leurs loix.
Que si de cest enfant elles ont la victoire,
Les Cheualiers Bearnois emporteront la gloire
Du combat entrepris, & Madame tousiours
Viura sans sauourer le bruuage d'amours.
Mais si de Cupidon la dextre valeureuse
De ce braue combat reuient victorieuse,

Soudain pour esgayer sa guerriere valeur
Les Nymphes luy viendront faire hommage & honneur
De leurs arcs, & leurs traicts. Et si apres Madame
Eschauffera son cœur d'vne diuine flame,
Afin que le flambeau d'vn Hymen bien heureux
Luy baille pour mary quelqu'vn des demy-Dieux
Du royaume Gaulois. Par ainsi voz querelles
Seront mises à fin par ces chastes pucelles.
Elles entrent desia, Amour les suit apres
Muny d'arc, & de feux, de fleches, & de traicts,
Boüillant d'vn chaud desir, & d'vne belle enuie
D'en emporter le prix, ou d'y perdre la vie.

Apres cecy Mercure se retira en sa premiere place, & les Nymphes entrans tenans en la main droite vn jauelot, & en l'autre leurs arcs, & dãçans vne forme de Balet, Amour les suit, leur tirant ses fleches. En fin elles sont vaincues, & se retirent aupres des Cheualiers Bearnois. Sur cela se faict encor l'esclair, & le tonnerre, & la Musique iouë vne Passemeze comme deuant, & Mercure retourne, qui dit.

Mercure.

Voicy de Cupidon la dextre glorieuse,
Qui de ce beau combat reuient victorieuse.
Vainqueur il a vaincu cest escadron chasseur,
Qui hardy du combat pensoit auoir l'honneur
Du grãd Dieu portefeux, & des Nymphes vaincues,

Lors qu'vne mer de fleurs ondoye par les rues.
Qu'on luy dresse vn triomphe, & son chef soit couuert
De myrthe, de rameaux, de laurier tousiours vert,
Qu'on luy dresse vne pompe, & la voix esclatante
De cent & cent clairons sa victoire nous chante,
Cent fiffres, cent tabours, & cent luths doux sonnans
Nous chantent la vigueur de ce bras triomphant,
Que les plus chers mignons des filles de Memoire
Dans leurs vers doux-coulans viennent chanter sa gloire.
Ce petit Archerot tendret il a dompté,
Et mis dessoubz ses piedz toute autre Deité.
L'air, la terre, les Cieux reuerent sa puissance.
Tout ce qui vit ça bas luy rend obeissance.
Les poissons de la mer, les mignards oiselets,
Et tout cela qui vit és ombreuses forests.
Or bien qu'il ait dompté l'air, les cieux, & la terre,
Qu'il ait mis soubz son joug le maistre du tonnerre,
Si n'est-il prou puissant, pour brusler vostre cœur
D'vn brandon chaleureux, d'vne amoureuse ardeur,
Il ne vous peut dompter s'il n'emprunte la flame
Dedans voz yeux diuins pour vous brusler Madame.
Non, non, il ne le peut : & quand il le pourroit,
Toutesfois vous desplaire en rien il ne voudroit.
Ce n'est pas vn cruel, vn Dieu plein de malice,
Ains vn Dieu de douceur, d'Amour, & de iustice.
Il est en ce païs vagabond estranger.
Madame il vous requiert de le vouloir loger
Dedans voz yeux diuins, & dans vostre poitrine

Cacher les chastes feuz de sa torche diuine.
Il veut tant seulement caché dedans voz yeux
Vous choisir pour mary vn Prince valeureux,
Ieune, heureux & hardy, qui ait sa renommee
Par ses braues exploicts en mille lieux semee,
Et qui ait courageux par ses beaux faicts guerriers
Sur son front genereux planté mille lauriers,
Afin que ioinct à luy par vn sainct mariage
Vous puissiez passer le reste de vostre aage
En cent mille plaisirs, & qu'au bout de quatre ans
Bear vous puisse voir mere de quatre enfans,
Qui quelque iour parmy les effects de Bellonne
Courageux soustiendront la Royalle Couronne,
Et pour le grand Henry rare honneur de noz Roys
Iront reconquester le sceptre Nauarroys,
Et chassans les haineux du royaume de France
Planteront dans les Cieux leur guerriere vaillance,
Qui seront la frayeur des peuples ennemis,
L'amour de leurs subiects, & qui rendront soubsmis
Au vouloir de leur Roy les peuples Iberides,
Replanteront les Lis és terres Gebusides,
Et versans leur fureur sur les champs Milanois
Feront les fiers Lombards obeïr à leurs loix.
Et vous vaillans Heros, dont l'ame genereuse
Dedans les bataillons, ardente, & courageuse,
A trauers mille maux cherche le lict d'honneur,
Finissez voz debats, tournez vostre fureur
Sur les perturbateurs du repos de la France,

C'est vn tresbeau subiect pour monstrer sa vaillance.
Allez viste, courez, endossez les harnois
Pour renger les Ligueurs soubz le ioug de voz loix,
Passez les Pyrenés, & domptez la furie
Des traistres nourrissons de la fiere Iberie,
Le neigeux Apennin, & les monts Piemontois
Courbans leur dos hautain sur les piedz des Gaullois.
Et courans plus auant, allez courir fortune,
Iettez voz bornes loing sur le dos de Neptune,
Regaignez le terroir, auquel Villegaignon
Du vaillant Colligny planta iadis le nom.
Allez cœurs Martiaux, que de rechef la Grece
Des Cheualiers François esprouue la prouësse.

Cecy faict, Mercure demeura aupres de Madame, luy d'vn costé, & Amour de l'autre, & lors les Cheualiers Bearnois rendirent les armes aux François, & dirent ce qui s'ensuit.

Genissac.

C'est à vous braues Cheualiers
Dignes de commander aux autres,
D'ordonner sur ces faicts guerriers,
Nous & noz armes sommes vostres.

Les Cheualiers François mettent les armes aux piedz de Madame, & disent.

Madame, nous vous offrons tous
Noz armes & nostre prouësse.
Faictes entier estat de nous
Au seruice de vostre Altesse.

Puis les Nymphes rendans leurs arcs à Amour luy dirent.

Madamoiselle de Rohan.

Amour seruez vous de noz arcs,
Pour armer vostre main diuine,
Car seulement les chastes dards
Pourront blesser nostre poitrine.

Madamoiselle Catherine de Rohan.

Amour, bien que vostre courroux
Les Dieux, & les hommes condamne,
Si ne pouuez vous rien sur nous
Qu'auec les armes de Diane.

Les Bessons.

Amour, puis qu'ores Iupiter
Vous permet de blesser Madame,
Il vous faudra bien emprunter
Noz traicts, & nostre chaste flame.

Soucelles.

Amour armez vostre costé
Des traicts de la chaste Deesse,
Car icy sans la chasteté
Vaine seroit vostre prouësse.

Amour respond aux Nymphes.

Bien que ma forte main face trembler les Dieux,
Bien que cent & cent fois mon bras victorieux
Aux plus braues Heros ait monstré sa puissance,

Si est-ce

i est-ce que mes traicts si souuent esprouuez
ans force, & sans vertu se sont tousiours trouuez
ontre ce cœur d'acier, qui m'a faict resistance.
Mais puis qu'ores ie suis armé de chasteté,
Que i'ay ioinct au pouuoir de ma grand Deité
La force & le secours de la chaste Deesse,
I'entreprens librement ce combat glorieux,
Esperant que deux Dieux des plus grands des haults Cieux
Vaincront de l'vniuers la plus grande Princesse.

Disant ces derniers vers, Amour tire vne fleche contre Madame, au bout de laquelle y a vn petit roulleau ou sont escrits ces quatre vers.

Si l'Amour faict du glorieux,
Excusez le Nymphe diuine,
Car il prent son feu dans voz yeux,
Et ses traicts dans vostre poitrine.

Cela faict les Nymphes chantent la chanson qui s'ensuit..

Chantons la Diuine flame,
Dont le chaste Amour, Madame,
Embrasera vostre cœur.
Chantons sa gloire immortelle,
Quand par vn amant fidelle
De vous il sera vainqueur.
Que puißions nous en ceste annee
Ainsi chanter vostre Hymenee.

Chantons l'heur de ce grand Prince
Que la Françoise Prouince
Vous destine pour espoux.
Chantons l'vnion Diuine
Que peut faire vne Androgine
De ce Heros & de vous.
Que puißions nous en cest annee, &c.
Ce Prince quel qu'il puisse estre,
Que les Dieux ayans faict naistre
Soubz vn astre tant heureux,
Puisse tant de los acquerre
Qu'il remplisse Ciel & terre
De ses actes valeureux.
Que puißions nous, &c.
Que les graces le cherissent,
Que les Nymphes retentissent
Son nom sur leur double mont,
Qu'Amour son visage peigne,
Qu'il ait le Lis pour enseigne,
Et le Laurier sur le front.
Que puißions nous, &c.
Que la France diuisee
Par son bon heur appaisee
Sente le fruict d'vne paix,
Et soubz le regne prospere
Du grand Henry vostre frere
Reste heureuse pour iamais.
Que puißions nous, &c.

Puißiez vous bien tost, Madame,
Brusler d'vne saincte flame,
Pour ce Prince heureux & bon,
Et soubz vn sainct Hymenee
Renouueller la lignee
De Nauarre & de Bourbon.
Que puißions nous en ceste annee
Ioyeux en chanter l'Hymenee.

La chanson finie Mercure dit ce qui s'ensuit.

Cheualiers qui auez appointé voz querelles
Par le moyen d'Amour, & des chastes pucelles
De la sœur du Soleil, & qui pleins de bon heur
Auez à coups d'estoc monstré vostre valeur,
Iuppin vous faict sçauoir, qu'auant que vostre lance
S'employe à ruiner les haineux de la France,
Il veut que pour monstrer que vous estes d'accord,
Et que vous auez mis fin à vostre discord,
Pour l'amour de Madame, & des chastes pucelles
Qui vous ont accordé, vous dansiez auec elles
Vn Balet gracieux, ainsi le Dieu d'Amours
Voz genereux desseins fauorise à tousiours.

Ce faict les quatre Cheualiers prennent les quatre Nymphes par la main, & dancent vn Balet ensemble.

FIN.